OSCURO
impostergable
o la circunstancia
de la hormiga

Alexis Soto Ramírez (La Habana, Cuba, 1967). Recibió, en su ciudad natal, el Premio Luis Rogelio Nogueras de poesía con el libro *Estados de Calma* (Ediciones Extramuros, La Habana, 1993). Textos de su autoría están antologados en *Algunos pelos del lobo. Jóvenes poetas cubanos* (Instituto Veracruzano de Cultura, 1996). Su anterior título publicado es *Turbios Celajes Intrincados* (Poesía, Ediciones Lenguaraz, 2016). Actualmente reside en Maryland, EE.UU., donde trabaja como arquitecto de sistemas informáticos. Sus poemas aparecen en revistas literarias de Estados Unidos, México, Francia y España.

ALEXIS SOTO RAMÍREZ

OSCURO
impostergable
o la circunstancia de la hormiga

ediciones Lenguaraz

Edición: *José Antonio Michelena*
Diseño de cubierta: *Hache Holguín*
Fotografía del autor: *Ben Sussman*

©Alexis Soto Ramírez, 2016
©Ediciones Lenguaraz, 2016

Primera edición: diciembre, 2016

Todos los derechos reservados. Ninguna parte de este libro puede ser reproducida o transmitida de cualquier forma o por cualquier medio, electrónico o mecánico, incluyendo fotocopia, grabación, u otro sistema de almacenamiento y recuperación, sin permiso escrito del propietario del copyright.

Impreso en los Estados Unidos de América.
ISBN: 978-0-9971960-1-6

...y ese olor que dan las muchas hojas viejas
ELISEO DIEGO

...y entonces se sabrá con asombro que cada caracol manchado era, desde siempre, un poema.
ALEJO CARPENTIER

El caballo duerme

el caballo duerme
su sueño es la idílica llanura
de pastos verdes infinitos

lo mismo que mi sueño
su sangre recorre laberintos

si se adormilan sus ojos cargan
una sobredosis de sabiduría
y paciencia
de estepas soñolientas
de alargados pedregales
buscando espejos rotos
y dispersos

la rabia quieta de cada día
llena el cuenco y lo desborda
cuando no explota en exabrupto
su largo y escabroso rugido

tiemblan los cristales
de lanudos bordes
por el caballo en su sueño
acariciados

tiemblan su sangre
y su tendón y se desbocan
por parajes repletos de columpios

un pesado sudor
de antiguos miedos emana

sueños que vuelan erráticos
acosan al caballo

así también la memoria
desata sus amarras al viento
y reniega
huyendo
de nuestra raza
y también de la raza
del puro caballo
durmiente

La vieja intuición

la vieja intuición
camina patas arriba
por las cortinas del sótano
y se adhiere
a un humo precoz

una gacela que se hunde
insinúa despacio
llena de cercos
una ciudad sitiada
por su centro

encuentro hojas sueltas
árboles que dejan las ramas
alevosas

hoy ha empezado un abismo
febril
y hay cruces
y hay ciervos
de inciertas palabras
y cortinas
de ondulantes resonancias

hoy ha bajado
una gracia infusa
y puras verdades
pululan en la noche

Según se mire

la enredadera que atrapa la mirada
perpetúa la desolación escondida
por muros de antagónicos rostros

quisiera hablar ahora sobre la ráfaga
que nos iluminó aquel instante
cuando la gracia invadía
nuestros cuerpos lunares

según se mire
el tiesto es la tímida
rebeldía del prisionero
que esconde su retoño
o la revelación
inusitada de un Darwin
que por pasillos de botánicas
presencias medita

la realidad aterra
y a la vez produce
apaciguantes efluvios
la sal submarina sube
o baja
según se mire
tomándose su tiempo
cubriendo el espacio
de inorgánicas
incertidumbres alienantes

PUENTES

me obsesionó aquel puente
con sus ajadas tablas
por sus hendijas   perfumes invisibles
el agua de tantos amaneceres inefables
dejó alientos

en su fría desunión algas
de descomunal pequeñez crecen
no serían capaz de desprender sus atavíos
por lunares de tan delicada fijeza

unge el puente las ansiadas orillas
arrima su extensión caprichosamente
más tarde que nunca sus fibras
pudieran atrapar de un golpe
toda la nostalgia

su condición angosta de puente
agoniza bajo mis pies

si pudiera fraguar un puente infinito
abrigar perpetuos mares de lluvias
el viento azotaría mis tablas
por mansos derroteros
con su fuerza tenaz
toda la energía de los pasados puentes
derruídos
llamándome a gritos

Parecen los alisios

parecen los alisios
derrumbar ventanas
por los barrios donde el polvo
toca las algas negras
de los ojos y se pudren
en su celo huertas
de profundos grises

se sabe que la lluvia va a llegar
muy fuerte y muy pronto
erizada de blancas espumas
y tornasolados risos
desplegando su gracia
con impunidad

se sabe que el que elige
desteje de Ariadna
el cauteloso hilo

el minotauro arroja
oleadas invisibles
que amamantan vírgenes

resonancias en la clavícula del tiempo
serenos soliloquios de lobo ciego
los alisios silban
su canción incomprensible

Oscuro impostergable

vino el ojo a descubrir la mancha
cuando no cabían ya cielos
de entremezclados cantos
ni aladas figuras de plumas
absolutas

quién pudiera adivinar el cerco
que en la ventana ajusta
con relojero avanzar
la rica sotana y la costumbre
de calibrados ocios

en las plazas de la envidia canté
recorrí calzadas estridentes
y me lancé a las encrucijadas
como quien salva el último suspiro

mi piel cortada por el aire
deja traslucir el alma
por extravagantes cúspides deambula
memorizando caídas inauditas
pidiendo un perdón imposible

subí con mi canto
a los vacíos estrados
y me escondí ensimismado
con mi pequeña voz
temblando en el oscuro
impostergable de la noche

La condición humana

la condición humana
retrocede tres pasos

en el umbral de la puerta cuelgan
ramilletes de ajo crudo
cruces
símbolos muertos de pasadas
oscuridades

pisadas en la yerba
donde sumisos se arrastran
los babosos predicadores
de la mentira

trocar en estercoleros
cimientos de decepción
do poderosas fuerzas
se concentran

el hombre simple observa
la ribera con algo de miedo
y algo de carnal lujuria

iluminan su camino
la pálida vela
entre imágenes de gastados
semblantes engañosos

sumidero de miedos
violaciones de la razón
en pasillos mitológicos
acontecen

La virgen del camino

ebrio deambulaba sin rostro
cuando descubrí la secreta puerta
que conecta al callejón
con los recónditos
océanos de allende

conducir lirios en la borrasca
entre pisadas nocturnas
por pasillos alegóricos
llevarlos a tientas
por esos vericuetos
cuando el relámpago sugería
una descarga brutal

apaciguar al angustiado rostro
por el que pasamos raudos
en delicados mimos trajeados
objetando al calor
su dura intromisión

hilar parajes
de vastas hondonadas
retrospectivas donde
el humo lento sube
ráfagas de incienso
       lirios
        pegajosos
        canarios
que anuncian una falsa muerte
bajo subterráneos
de carbón

nada tan odioso
como morir desde lo oscuro

en intangible destajo la palabra encumbra
retazos de cuerpos abrazados
ojos de vidrio y estopa su sangre cobija
sucumbe a la magia   pálida
del mediodía

la corteza de los años cede
al comején laborioso

los lirios abrumados
por el hedor del camino
corren a tientas

sonríe para sí
la virgen del camino
donde dejé caer una moneda
olvidadiza
al agua de su fuente

borracho labrador   argonauta iluso
ofrenda interesada por mi pobre suerte
fugaz que escapa

Esos cuerpos

esos cuerpos voraces
no perfectos   sí sedientos
expandiéndose en solitario
mientras el mundo pasa
a velocidades insólitas
otro día y otro
buscando mezclarse en salivas
perderse en lo plural efímero
cuerpos desnudos de toda intromisión
alardeando acuden al desvelo
de la noche sin prisa
serenos y portentosos
imitando la demolición del coliseo
o la erección de colosos incesantes
delirio de cuerpos arrasan
saboreando todo lo que hay de humano
sin miedos ni segundas intenciones
la coartada de la noche es propiciar
el embate mitológico
de los cuerpos
mientras el mundo pasa
a velocidades insólitas
ajeno

La Luz de Yara

nadie sabe cuándo
quizá la semana entrante
de las ojeras sacaré la fuerza
el ortopédico me recetó
estos alambres
llevar a diario   sin excusas
espero que finalmente se ventile
la situación fugaz de los salarios
antes yo comía la yerba
sin salir del barrio
con el ron y las alfombras
quizá con cierto énfasis
quizá con algún tino
algunas cosas se mantienen
algunas cosas perduran
mas la Luz de Yara permanece
y también el hambre permanece
si de comer caramelos se tratara
vengan   vengan esos otros
merendadores de murciélagos
si me paro   al final del zaguán
nos llega del viento una humedad
envidiosa
regresaré de nuevo a cortar el pastel de musgos
el atardecer redondo gira sobre las piedras
si yo pudiera (de entrambas partes)
preferiría el eléctrico más que el manual
si yo pudiera   pero me olvido
y quizá me siente bien este descanso

alumbrando en la carreta
alza el quinqué tembloroso
con un larguísimo destino
(me conformo)

FARDO

y me ha caído
un fardo pesado
de no sé bien
qué tristezas

aquí viene el sol
como queriendo
recordarme algo
que no se espanta fácilmente
que no merodea por campos distraídos
de alterados trigos

será que ha subido por fin
el pus de la tierra
para sembrarnos como árboles
abyectos

será que la marisma
se cansó ya de la constante
penetración del obelisco
y prefiere ahora
el fondo de aquel río
donde Ofelia yace
como un fardo pesado
de no sé bien qué tristezas

El paso del tiempo

el paso del tiempo
por las ventanas
que esperan
una iluminación dorada
imperceptible

el paso de la luna sobre el fondo
a lo lejos los árboles conspiran
imposibles venganzas infantiles

mazorcas de humanidades
pereciendo a diario
se vienen abajo oleadas
de malogrados suspiros

el paso del tiempo
ondea su barba correctora
desprende hedores
de profundas
hambres

sierpe donde pudiera
nacer la escarcha
frágil de tu sonrisa

no miro las entrañas
de su maldición
cómo estremecen
ventanas que esperan
una iluminación dorada
imperceptible

El recuerdo

el recuerdo es esa breve
pelusa que empuja
el aire vacilando
entre las palmas
y la desventura
de los cerros
por donde escapan
artificiosas
las palomas
que olvidan todo
cuanto hay de cínico
en la dulce avenida
por la que resbala una luz
esa circunstancia de la memoria
que atraviesa un cuchillo
como un lápiz
por tragaluces que quisieran
enviarla lejos
muy lejos
de la vertiente que trazan
calzadas arañadas
por ese llanto
tan largo

Paraguas negros

paraguas negros bajo negros cielos
algo malo se deja resbalar
por esos goterones lentos

rapaces confesiones
ojos atragantados
que pulsan hacia dentro
cansados de tanto llorar

quizá en lo lejano
abrupto insoslayable
perduren una curvatura
negra
o una inflexión mordaz
que provoquen la visión
de este pardo paraguas

negro sobre negro inscritos
pedazos amargos de insomnio

El ciclista amarillo

el ciclista amarillo pasó
cargaba pesadísimas demoras en su espalda
descuidado casi
de las debidas precauciones avanzaba
rodante bacteria de hilos
anudando anillos concéntricos
sobresaltos recogiendo
reflejos pálidos en la tarde

qué oscuro designio
qué siniestra intuición
el amarillo borde
sobre el verde escandaloso
proyecta

verano que palpa el polen denso
y es arrastrado por incipientes mares

cuando pasa el ciclista
se lleva el paisaje
y la demolición de la calzada
tropieza contra el viento
por vericuetos dormidos
la peregrinación de la cordura
navega indecisa

La guindilla

la guindilla sentíase agradecida
del baño matutino
repetida ofrenda
tal vez enamorada
del relente

en la madrugada
de lobos enfermos
no se podría adjetivar el espanto
que desprenden hojas
de libracos
que contienen farsas

hubo
en otro tiempo
también mañanas
en las que no entraba
ni el goterón
con su habitual
socarronería

la guindilla alarga fábulas
de discreto registro
espacios por donde alienar
al lobo
de enferma complexión

vayan
vayan peñascos
a la congruencia del pañuelo
cuando se recuesta el goterón

echado a menos
por la misericordia contenida
del relente
por la guindilla reposando
en burla sostenida
al lobo macilento

No debería

mísero cuerpo que queda ahí detrás
y no debería permanecer
luego del alma
tan cerca de la enrejada
bugambilia que en la noche
caliente gime

no debería descansar
tan lejos para siempre
de su remota compañera
atormentada y lejana
como las estrellas que titilan
en delicada ofrenda
al gozo callado
de la enrejada bugambilia
que luce sus colores
en la noche

Delgado hilo sedoso de la araña

rompí sin esfuerzo el delgado hilo
sedoso de la araña
vientos fuertes
tormentas furibundas
habíanlo sometido
desde antaño a inclementes
acosos

sin ningún esfuerzo casi
sin siquiera un temblor en mi mano
los hilos de esa pobre araña
corté sin desconcierto

una antigua canción dormía
en la mañana de ojos turbios
el delicado olor a olvido
que deja el soplar del viento
y el paso de la araña
y sus ojos de pavor
y sus dulces remordimientos
aflorando

la cruzada puerta descubre sus goznes
y hunde el terror de la araña
en su cuenco pastoso
y las palabras escapan sin voz
hacia un silencio amargo
mientras el humo recobra
nuestra perdida confianza

La ostra

llueve sobre la nieve sucia
ver el día así atrapado
bajo esa gasa triste
provoca unos deseos
muy profundos de ser ostra
de dominar su espasmódico
y salino lenguaje
ver retozar las pardas nubes
sobre el torrente que abrió surcos
como cicatrices incurables

dominar el lenguaje
de la ostra es tal vez
mi último designio
leer cometas por las praderas
queriendo adivinar
los severos dictámenes

escondidos en el sueño
de la ostra galopan
hipocampos dorados
mordidas de murciélago irisan
su solemne músculo

chorros minerales acarician
el sueño perlado de la ostra

Sobradas razones

sobradas razones tenía el alba
de aborrecer las tenues acequias
que se pierden
por la dorada estepa

ignorantes de ciertas humedades
o simbolismos que cortejan alientos
de atrasadas maniobras

elementos soberbios del pre-mundo
ahora estático

podría sentirse
que se escapa la niebla
entre la imponente certeza
del sol cada mañana

ir a sembrar ostras a las fauces
del león cuando se roza
una estremecedora
condición de ajo

acuden los pálidos cuerpos
ni solos ni inmaculados
ni rotos pero hunden
sacuden perplejidades entrando
en el panteón de los pergaminos
hundiendo escaleras prestadas
habitaciones de burladas
piedades por la espada
recia incongruente

AH CABALLETES

ah caballetes que guardan caballos en fuga
bajo sábanas de polvos arropadas
desorbitados ojos sobresalen
en ese oscuro remanso

amarrar esas crines sería un acto
                de gran violencia
cuando la crin que vuela ilumina
profundas marejadas de marismas
por las que se urde
la palabra imprescindible de la noche

ah los tristes caballetes que esconden
alados caballos que esperan a la sombra
la indecisión del sol en densos abriles
cuando el corazón desguaza sus arterias
carcomido por la infinita molestia del polvo

ah la rica premonición del agua
que se acumula en la madrugada
queriendo asaltar las pupilas
inmediatas de los caballos
tiernamente ocultos

James Robertson

James Robertson ha estado caminando
por diez años seguidos
treinta y tres kilómetros
a su trabajo

por los suburbios de Michigan
lee anuncios de autos usados
mientras se mueve entre masas
de aire frío
y desolados barrios

su canosa cabeza y su decoro
dan ganas de estrecharle la mano
y acompañarlo diariamente
en su rutina

James Robertson no espera milagros
ni intervenciones divinas
sigue su rumbo fuerte
con la premura sabia de un dios

no lo interrumpan
que tiene prisa por llegar
y ningún tiempo que perder

James Robertson
de Michigan
treinta y tres kilómetros
de dureza insospechada

EL HOMBRE QUE CAMINA

el hombre que camina despacio
es porque ha reconocido al fin
su manera correcta de perecer

no mira hacia los lados
no se voltea ojeroso
cuando pasan las ninfas
no se reconoce en el vaivén
jovial del agua
es una sombra de tostados espasmos
bajo el sol
seco de septiembre

el anfitrión es un lago
lleno de azules minervas

luminosas espinas llegan a clavarse
ciegas en la vena senil
una vistosa nigromancia otea
por cisternas de lutos
pasillos donde una incisión
retoza
y se atropellan los asaltos
mojados de la rima

el hombre que camina despacio
dejó a un lado dagas
jícaras que llevan impregnado
un café de muchos desvelos

una terca miseria le hunde
y sin vergüenza su incivil
e inútil garbo
sin blasón ni cornucopia
ondea

los que lucen sus monedas en la frente
soliviantan al pez y su ramaje
a degollar palmas caminan
el desmoche de vidas sometidas reluce
y no proyectan siquiera
respetuosos silencios

la voladura de los puentes
ya no abjura

la gente que camina despacio
es que ha comprendido

sus apagados alientos amarillos
se desvanecen
hacia un final premeditado
esa ventana pueril
donde asomarnos todos

La circunstancia de la hormiga

la circunstancia de la hormiga
cuando rodea el obstáculo
en apariencia insuperable
su conflicto existencial
nos parece irrisorio
aunque la misma piedra
acaso ya nos espere

el rumbo ya estaba torcido
y por eso seguí
confiado en la memoria de la roca
cuando aún repercutían
su agravante condición de obstáculo
de firme agarradero único
entre lodos de indescifrables
colores

si suelta su lágrima
la hormiga invisible
entre empujones estremece
por escondrijos se pierde
su delicada existencia

Se perdieron

para Yunior

he de sucumbir algún día
por los arrabales de la nostalgia
aguijoneado quizás por abejones
o la impertinencia
de lémures en celo
que por lupanares de babas
melancólicas deambulan

buscando el canto que no llega abro surcos
donde intento sembrar posibles algarrobos

de los cercanos cántaros
me llega un arpegio de fugaces congojas
es el alma estrujada por los alisios
que no resiste

de tanto golpear
me duelen el brazo derecho
y el hemisferio izquierdo
de los adioses

los que se fueron   ya hace tanto
todavía regresan en las noches
implorando una oportunidad
truncados en su inocencia
jugando a ser hombres de bien
por incoherentes oleadas

de tanto asirme a las membranas
las frutas sagradas del Olimpo
ya no pretendo

ora con ansias perseguida
ora con odios rechazada
la perfección subyace
arrastra una corbata mordida por los años
desparramando náuseas por los arrabales
secos de la nostalgia

Pan de sangre

es tarde
y la calzada descansa
del incesante rugir
y la memoria divaga
por oscuros derroteros
y se agolpan
los dolores y pesan
tanto los tallos
que se doblan

afuera se acumulan el polen
y las nubes grisáceas de un día de lluvia
y son como tempranas migajas
de un pan de sangre manchado

y son como el estertor del que muere
inesperadamente
sintiendo un roce apenas
un ronco rasgar de cuchillos
por telas enrojecidas
por el hielo

El machete

aquí tocamos un borde
que no esperábamos
al aguardar los filosos
machetes de hoja dura

la codicia del machete
cuando avanza
sobre la vegetación

el amigo de la selva
es un machete sin filo

por corredores sin sosiego
ajusta sus ligas
ajusta sus inquilinos
en espaciados
cuadros ojerosos

el machete que toca los ojos
aguados dibuja
un círculo por el aire
buscando el turbulento
y agridulce fluir
de la sangre

Cuchillos

y no volverse hacia el fondo
donde ya no queda roca
sobre roca
y no se oye ni el clamor
del pisoteado bajo tanta
mojigatería donde
no cabe un pelo
entre el ha de ser y el es
o el fue y el hubo

ya llovió tanto sobre esta tierra

cuando volvemos a la plaza
no vemos ya aquellas manchas
solo el café y los olores
del recién horneado pan

nos queda   sí   del retorno
solo la cortada voz
y un escaparate de lustrosos
cuchillos anacrónicos

Dardos que azuzan la noche

dardos
que azuzan la noche
de piernas quebrantadas

si me arrastrara una corriente de dedos
terriblemente helados
el encapuchado de extrañas latitudes
por el entramado de techos de latón
y de sorpresas
que no superan la noche

si me dejaran yerto sobre el arbusto
detrás de un enrejado
por vertientes que imitan
una canción olvidada

sobando el pescuezo del caballo
sopesa el jinete la cantidad
soberbia del corcel
su iluminada pradera onírica
de sencillos
y portentosos poemas

antagónicos huesos
escarbados en la tumba lunar
de escarabajos que temen
el aguacero y odian
los afilados dardos
que azuzan la noche
de piernas quebrantadas

Y VI

y vi cómo arroja al viento
la fiereza contenida
mientras abjura de la moral
y se detiene el tiempo
y el fuego al fuego vigila
y vi cómo araña
los cristales la más
seca de las palmeras
y cómo se tornan
sus rojos pálidos
en verdes insolubles
y cómo en sueños
se abraza al mar
(también con algo de fiereza)
que es como un cielo
desesperado
indolente y cruel

Pasa un tiempo enorme

pasa un tiempo enorme
entre el descubrimiento
de la metralla
y la cognición del viento
por ramajes redondos
de demorados gestos
si me confirman el envío
de un sombrero
cuando el resto del cielo llora
infantilmente
desde el rencor en la membrana
incorporando a las espuelas
que siembran ijares
de rojizas hendiduras
entuertos y retozos alborotan
hacia dentro por la noche
de un agosto difícil
casi pastoso
de difíciles sales
u odios que se agarran
sin dejar salir a la casaca
del muchacho que ve gotear
las agujas de un reloj
o parajes cósmicos quebrándose
como címbalos de hielo
las marejadas de gatos buenos
o gatos malos
o vecinos
que husmean tras las tablas
o el hierro que promete
una alucinación

un inesperado sosiego
que ha de venir atravesando
charcos por prados
de bellos relámpagos
inmensos

TEMPRANA INFANCIA

ese momento feliz que escapa
hay que exprimirlo molecularmente
extraer sus jugos primordiales
si sientes una canción que nace
se perdonan alegres alegatos
hay también ese impulso andrógino
de consumir el mundo
incorporarlo al cuerpo
cuando se esparcen
la meridiana vertiente
los escuetos paradigmas de mesas
ni redondas ni rectangulares
horizontes petrificados
en la curvatura de la ceja
por caminos de cieno y dinamita
bostezos tan largos
y demorados
como inútiles carreras
asaltan a la razón
jugos siniestros de recortadas frutas
ocupan una permanencia
en su más temprana infancia

Pobres almas

qué mórbidos vientos azotan
qué marejadas obligan
a doblar el cuerpo
en constelaciones delirantes
de collares policromos
y vespertinos reposos
y qué ruidos albergan
los toneles que debieran
acolchonar semicírculos
en la violenta fruición del ojo
cuando se cierran fulminantes las espadas
y los caminos de cieno traban las ruedas
de carretas rechinantes
y la golpiza del policía al negro
no sucumbe bajo el peso del martillo
en la mesa del juez
que navega un tráfico insólito
en la muralla de peces amaestrados
que trotan cecijuntos
odiando la red que es invisible
y los pardos militantes dedos
que agarran al cuerpo
y lo zarandean al comienzo
de la mañana
cuando la fría humedad de regocijos
nos engaña una vez más
y nos invita a la contemplación
y a la inacción
que es tan proclive
en nuestras pobres almas

Remero fui

remero fui
las olas batían
mi costado
caribesos azules
(o dorados)
lamían mi carne
invitando a la desgracia
y al olvido

bastardo sin nombre fui
la mañana parecía
gobernar mis instintos
como bosquejos
de una intromisión
polémica y sumisa

al viento solté marañas
de sueños comprimidos
viejos agravios
de rancias texturas

me refugié en sonetos
de interminables cadencias
mientras las olas
intentaban arrullarme
entre velos misteriosos
hacia su cuenco profundo
y psicodélico

qué torpeza la mía
perdido como alga a la deriva
aspirando a ser árbol
en medio de la corriente
sin alcanzar un asidero
sin una razón de fuerza
que me salvara
o hundiera dulcemente

engrandecido por momentos
me sentí por el mar
sublimemente lisonjeado
la corriente hacía en silencio
su acostumbrado truco
y mi fortuna corría loca
loca arrastrándome
a las carreteras sucias
de cláxones y botellas
indomables
infinitas
como la traición misma

Niños Eternos

correteamos como niños eternos
asombrados de lo inmenso de la noche
donde los puentes de la razón asfixian
y el conjuro atrae semblantes
memorias de una pasada perfección
ahuyentadora

el bosque denso y su maraña invitan

el bandoneón por la solapa
de ennegrecidos bordes permea
un espacio cuadrado
y sus designios
nos canta
desde lo indescifrable–ignoto
trayendo voces que interpelan

porque la razón y la memoria
ya no coinciden
y en los sueños
de hondas perplejidades
descabezados fantasmas germinan
pesando mucho
mucho sobre los hombros
y el cuello
de los niños eternos

BUSCO

busco en escaparates desdichados
alguna ropa que me sirva
alientos perentorios
fragmentos que abarquen
la infinitesimal coartada
de las células

cuando rozamos
en sempiterno duelo
la seda en la solapa
del recio traje real
el espejo mojado
por las salivas incoherentes
se retracta
proyecta escarapelas
penetrando en la noche
de gastados efluvios

otros serán los que perduren
el hielo de la razón se enfrenta al rojo
caimán enfurecido

capulín de presumidas tardes
por extravagantes gansos asiáticos
acosado

sellamos un pacto
desde antes traicionero
cuando la niebla en la mañana
aún no cedía

otros serán los que fusilen
con enconada fruición de abeja
alrededor del sillón de los abuelos
o en la fragata fugaz
resinas que por maderadas gotas
sin prisa descienden

por mares inquietos
los inquilinos de la tierra van pasando
su permanencia por pasillos de mármol
inutilmente iluminados amaina

siguen un rumbo sin celo
un anhelo sin sobresaltos
hundiendo cuchillos
en la carne joven
que emana del coto
buscando pedazos de humanidades inciertas

látigo amargo que culebrea
por los sucios espacios metafísicos
bajel cargado de cínicas mercaderías
agobian su serena manera
de acortar distancias
y sin disimulo agrupa perdices
orugas de verdes acuarelas
gelatinosas

no encuentro
ya lo dije
ninguna ropa que me sirva

el mercado ya cerró
y ahora nos envía sus silenciosos perros
por los bosques eternos de la duda
desguazando

Por donde pasa el pan

por donde pasa el pan se aprecian su corteza dura
(mientras su centro se cuece discretamente)
y la humedad de los pozos por el musgo
queriendo alborotar en la grieta
parásitos rondando pasarelas

el pan que se demora un día hambrea
de humedades como hambrea
la gloria de sacrificios
si por ejemplo se agrandasen los ojos
más allá de la fogata por el rincón perdido
por donde se agazapan huyendo los misterios

cierto es que hay más ruido que concierto
pero de ese alboroto también surge
la nota que cautiva al sillón de los portales

escuchar relatos de una tibieza melancólica
por notables camisones que la sombra proyecta
contra el sol por el aire meciendo
aquella rama polémica que quisimos cortar

no me den más del mismo legajo
por donde el yo tiembla y roza
en el pozo al mediodía
con grandes ojos la quietud del agua
bajo la impiedad del sol

al mediodía se tejen los más macabros sueños
como aquel de ir cantando
por el arroyo

saboreando de un golpe
la montaña

sin embargo la oreja se llena
de un amargo acumular de óxidos
que va dejando la pólvora
y la metralla del péndulo

así es que podemos intuir la metafísica
del prestidigitador
que va resolviendo su miedo
con descuidados brochazos
tal como se hilan sin torsión estas palabras

no me den ya más del mismo legajo
que de la puerta al universo solo llegamos en el once
(con un doce romperíamos la ligadura)
y entonces el árbol nos parecería tonto
aunque la magia de lo inmediato triunfa
y lo lejano es una trampa bien concebida
por payasos que resultaron no ser tales
y cuando se retiran se descubren
        por su polvo de arroz
y no consumen la sal que deja
la ola sobre el pergamino

no me den por favor
ya más
del mismo legajo

La ventana

canto con voz ciega que no se puede oír
por pasillos de humedades pringosas

nunca pedí lo que me han dado
todo lo que hago es observar la ventana
el gesto más osado que alguna vez logré
fue mover las cortinas para ver mejor

soy un cobarde

el desahucio impregna mis venas con rencor
agazapado escucho puertas que se cierran
repercuten su mortífera violencia
enjambre de sentimientos confusos

soy un cobarde

de noche logro
(a veces)
asomar mi mísera cara
por balaústres carcomidos
de serenos rocíos

con voz ciega susurro una canción
que a nadie importa

los transeúntes
agobiados por sus propios temores
emprenden su viaje involuntario
hacia la noche sin luna

Ojalá

ojalá se quiebren los oscuros puentes
por donde huye la esperanza

ojalá que la terrible
sierpe no descubra
la incursión decisiva de la garganta
cuando se arrebola su triste
canto quebradizo

investigar la procedencia del miedo
con el mismo celo que gastamos
en abotonar la pulcra camisa
de trabajados hilos

grandes aspavientos de montaña breve
eso de lucir laureles que redondeen
la ya perfecta redondez de las palabras

ya por la quinta mención
se quedaron los pronombres
alborotados por los dedos
deslizándose por el sillón desierto

no hubo tambor más alegre
que el que apretara un niño
con sus pequeñas manos destructoras
arremetiendo contra la sordera
y la desmemoria delicada del cactus
la necesaria contribución a la espiral
cansada de la especie

no se arriesga con violines
ni acordeones

por marejadas de pronta lejanía
si se debe huir será así
tan de repente
como el destello de un rayo

lo que se intuye progresa
a las verdes alfombras de mares
por donde otrora se lanzó
la libertad a encontrar
la melancolía seca de las gavetas

a cada lado de la esperanza
habita un brillo casi imperceptible
de tardías nieblas
la ganancia absurda de la especie
sobre su débil sustrato
viejas escaramuzas por donde correr azorados
imitando al corcel frío de la guerra

por obtusos ángulos la luz revienta
y petrifica los objetos
que dejamos hundir
en el polvo de los años

mi camisón de extrañas larvas minado
por la premura del haz
por la luz torcida de los pañuelos se expande
sin trigales aparentes

se enturbian
las aguas por donde fluye
el magistral pavoneo de la vida

las marejadas hacen imposibles esfuerzos
por alcanzar el lunar en la silente mirada

sendos laureles
como quijotes en miniatura
si se oyen en la niebla
los arañazos de la marea cuando asalta
ya sin mesura y sin prisa

Índice

El caballo duerme • 7
La vieja intuición • 9
Según se mire • 10
Puentes • 11
Parecen los alisios • 12
Oscuro impostergable • 13
La condición humana • 14
La virgen del camino • 16
Esos cuerpos • 18
La Luz de Yara • 19
Fardo • 21
El paso del tiempo • 22
El recuerdo • 23
Paraguas negros • 24
El ciclista amarillo • 25
La guindilla • 26
No debería • 28
Delgado hilo sedoso de la araña • 29
La ostra • 30
Sobradas razones • 31
Ah caballetes • 32
James Robertson • 33
El hombre que camina • 34
La circunstancia de la hormiga • 36
Se perdieron • 37
Pan de sangre • 39
El machete • 40
Cuchillos • 41
Dardos que azuzan la noche • 42

Y vi • 43
Pasa un tiempo enorme • 44
Temprana infancia • 46
Pobres almas • 47
Remero fui • 48
Niños Eternos • 50
Busco • 51
Por donde pasa el pan • 54
La ventana • 56
Ojalá • 57

www.ingramcontent.com/pod-product-compliance
Lightning Source LLC
Chambersburg PA
CBHW021136300426
44113CB00006B/452